ACADÉMIE NATIONALE DE REIMS

LES

COUPOLES

D'ORIENT & D'OCCIDENT

PAR M. ALPHONSE GOSSET

ARCHITECTE A REIMS
MEMBRE TITULAIRE

REIMS

IMPRIMERIE DE L'ACADÉMIE (N. MONCE, DIR.

1891

LES

COUPOLES

D'ORIENT & D'OCCIDENT

ACADÉMIE NATIONALE DE REIMS

LES

COUPOLES

D'ORIENT & D'OCCIDENT

PAR M. ALPHONSE GOSSET

ARCHITECTE A REIMS

MEMBRE TITULAIRE

REIMS

IMPRIMERIE DE L'ACADÉMIE N. MONCE, Dir

1891

LES
COUPOLES
D'ORIENT & D'OCCIDENT

Éminence (1).

Messieurs,

En vous retraçant, il y a six ans (Séance du 4 avril 1884), l'histoire de la construction des églises dans ses deux formes caractéristiques, je vous montrais que la première, celle des églises à nefs aux effets de profondeur, ayant parcouru les trois phases fatales : de formation, de perfectionnement au XIII° et au XIV° siècle, et de décadence au XVIII° siècle (2), avait accompli sa révolution, brillante mais complète, toutes les combinaisons auxquelles prêtait cette conception ayant été édifiées. Tandis que la seconde, celle des églises à dôme, c'est à dire à effet convergent en hauteur vers cette

(1) S. E. Mgr le cardinal LANGÉNIEUX, Archevêque de Reims, qui assiste à la Séance.

(2) Comparer le plan de Saint-Sulpice avec celui des églises du moyen âge, dans les vignettes qui accompagnent le texte de cette conférence. *Bulletin* de l'année 1884.

image du ciel, était au contraire restée inachevée, et pouvait encore produire de grands et nouveaux effets.

Je cherchais à vous montrer que cette forme d'église, grâce aux avantages de la forme monumentale des coupoles, à leur simplicité, à leur facilité d'exécution, à leur économie, pouvait fournir une voie nouvelle à l'art français, surtout aux peintres et aux architectes.

L'avenir me paraît y revenir, vous disais-je alors.

Depuis, l'événement est venu confirmer ces prévisions; seulement, c'est l'architecture civile qui a pris l'avance (1). Les constructions de notre admirable Exposition universelle de 1889, en dehors de la galerie des machines, lui ont emprunté leurs principaux motifs de décoration : coupole au centre, coupoles sur les ailes, coupoles sur les annexes, on en a vu partout. Le Champ de Mars nous en a montré toutes les variétés, une véritable exposition : le Parisien, né malin, disait Boileau, bien qu'il aime le rôle d'inventeur, ayant compris la nécessité (en l'état de transition que traverse notre art) de retourner à l'école en Orient, pays de la lumière, berceau de la civilisation et de la religion.

Les détracteurs de l'Académie nationale de Reims, qui, ne connaissant pas assez ses travaux, lui reprochent de s'attarder dans le passé, verront qu'on y fait aussi des études d'avant-garde.

Pénétré de ces voies de l'avenir, vous comprendrez que j'ai été entraîné à approfondir ces études, et je suis heureux de vous en présenter aujourd'hui le fruit complet, contenu dans cet ouvrage sur les coupoles d'Orient

____

(1 Quoique le projet que je vous soumettais ait été honoré, en novembre 1886, de la haute approbation de Sa Sainteté le Pape Léon XIII.

et d'Occident, en exposant : l'évolution complète, les monographies des principaux édifices à coupoles, pour la première fois présentés en plan et en coupe à la même échelle, puis la théorie et la technique des voûtes sphériques. Ouvrage distingué par M. le Ministre de l'Instruction publique et des Beaux-Arts et favorisé de sa souscription (1).

En vous développant ces vingt-cinq planches, je ne pourrai mieux vous les expliquer qu'en vous retraçant à grands traits l'histoire des coupoles jusqu'à nos jours.

Les dômes ou coupoles sont nés dans la Mésopotamie, le berceau du monde ; de telle sorte que les premières formes architecturales sorties de la main des maçons sont des coupoles.

Vous savez, par les explications de Dieulafoy (*Art antique de la Perse*), comment les habitants de ces contrées, privés des bois nécessaires à la construction des grandes charpentes, mais abondamment pourvus de limon, ont été amenés de bonne heure à inventer, d'abord l'art de faire des briques, ensuite celui de les utiliser pour la couverture de leurs cases, dans la construction des voûtes sphériques (seules faciles à tourner *sans cintres*; enfin, leur perfectionnement par la polychromie et l'émaillerie, ou l'art de les décorer.

Cette forme se présenta sans doute à leur esprit par le souvenir des tentes des pasteurs de la haute Asie, faites en peaux, ou des huttes, car on l'a trouvée aussi chez les sauvages de l'Amérique et de l'Océanie.

1. *Les Coupoles d'Orient et d'Occident*, Paris, Librairie centrale des Beaux-Arts, 19, rue Lafayette, grand in-8° jésus, accompagné de 25 planches doubles, gravées sur acier, et de 110 figures dans le texte.

En tout cas, qu'elle ait frappé les hommes par sa noblesse et sa simplicité, ou qu'elle ait été faite d'instinct, suivant Dieulafoy, cette forme bombée est une des premières offertes aux hommes et qu'ils aient traduite dans l'architecture primitive.

Les travaux de cet ingénieur archéologue, dans la Perse ancienne et moderne, ne laissent pas de doute à cet égard, et, à en juger d'après le bas-relief assyrien trouvé par Layard à Koyundlick (1) (dont voici un croquis), les plus anciennes coupoles avaient déjà la forme ovoïdale, qui depuis a dominé chez nous; tels le dôme de Saint-Pierre de Rome et ceux de l'Exposition de 1889.

De la Perse, la coupole, en tant que forme usuelle, paraît être arrivée en Italie, c'est à dire en Europe, non par la Grèce, ni par l'Étrurie, bien qu'elle y ait été connue au-dessus des temples ronds, mais avec le système de balnéation des Orientaux, importé par les Romains après la conquête de l'Asie.

Nous en avons un exemple ancien à Pompéi, dans le *laconicum* des anciens thermes, ou salle de sudation, de forme ronde pour l'égalisation de la chaleur, couverte en voûte sphérique et terminée par un *oculus* destiné à l'échappement de la vapeur, au moyen du disque décrit par Vitruve.

Les Romains ayant propagé leurs édifices nécessaires, y compris les thermes, avec leur domination, depuis le haut Euphrate jusqu'aux embouchures du Rhin, et depuis celles du Danube jusqu'aux colonnes d'Hercule, tous les maçons du monde alors civilisé apprirent à construire des coupoles, qui plus tard servirent de

(1) Au Musée britannique. — Voir aussi *Manuel d'Archéologie orientale*, par Ernest BABELON, Paris, Quantin.

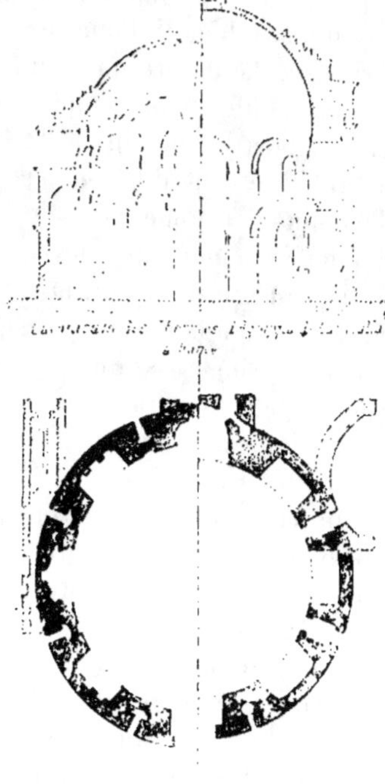

Coupe des Thermes d'Agrippa [...] à Rome.

modèles, même aux premiers chrétiens, pour la construction des chapelles circulaires.

La plus magnifique coupole romaine qui nous soit restée est celle des Thermes d'Agrippa, à Rome, transformée en Panthéon, et convertie ensuite par les chrétiens en église, sous le vocable de Sainte-Marie de la Rotonde. Par son diamètre de 44 mètres, elle est la plus grande salle que les maçons aient construite sans points d'appuis intermédiaires.

Celles de Sainte-Sophie, de Florence, de Saint-Pierre, de Rome, qui, élevées en l'air sur des arcs, ont présenté d'autres difficultés, ne sont pas aussi larges.

Cette construction, dont je vous ferai tout à l'heure remarquer les détails caractéristiques, a été, ou a dû être le modèle sur lequel ont été construites toutes les autres coupoles du monde romain. Seulement, sa décoration a subi une métamorphose, lorsqu'aussitôt sa construction elle fut transformée en temple ouvert aux dieux des peuples de l'Empire Panthéon, auxquels Auguste voulut donner l'hospitalité bien entendu sous la présidence de Jupiter Capitolin ; cette forme ayant paru la plus avantageuse pour les grouper tous sur un pied d'égalité, comme autour d'une table. Malheureusement, dans cette métamorphose, la décoration par caissons carrés empruntés aux soffites des temples (comme tels, ornements sacrés) effaça les détails de la construction primitive, d'un caractère tout différent et au contraire d'un effet ascensionnel, comme vous le verrez tout à l'heure. Celle-ci a heureusement été relevée au XVIIIᵉ siècle par le grand graveur Piranesi qui, profitant d'une restauration des stucs, a eu la curiosité de fouiller plus loin et a retrouvé dessous l'ossature en briques de la voûte, figurée sur cette coupe, qui modifie très avantageusement les proportions de cette magnifique salle : les verticales y ayant la prédominance sur les horizontales, principe qui devint la caractéristique de toute l'architecture du moyen âge (1).

La salle d'un autre établissement thermal, dite de *Minerva Médica* montre une autre variante de coupole romaine, agrandie par des absidioles.

Quand le christianisme eut pris possession de l'Empire romain et de la direction de la civilisation, deux formes d'églises bien tranchées se présentèrent à l'attention des évêques : d'abord, la ba-

(1) Nous donnons en parallèle le *tepidarium* des Thermes de Caracalla qui, quoique diminué, est construit sur le même plan.

Cette figure et celles qui vont suivre sont dues à l'obligeance de la Société centrale des Architectes français, qui les a fait faire

silique judiciaire, salle longue, à nefs inégales, dans laquelle il était facile d'organiser l'*ecclesia*, ou assemblée des fidèles ; puis, celle des petites chapelles circulaires ou carrées des catacombes. Comme ils étaient pressés, la basilique fut préférée, surtout en Occident.

La plupart des chapelles et des églises ont été faites sur ce type architectural, qui comporte une salle longue, divisée en trois ou cinq nefs, terminée par une abside, avec ou sans cet espace transversal, appelé par Vitruve chalcidique, qui devint le transept, d'où la forme en croix (1).

Mais, en Orient, les formes carrées ou circulaires, plus anciennes, luttèrent d'abord avec la forme longue, qui était aussi celle des synagogues, surtout lorsque Constantin eut fait élever à Jérusalem, sur le Saint-Sépulcre, une église ronde, d'après un plan analogue à celle édifiée à Rome par sa fille, sainte Constance (encore existante sous le nom de Baptistère, et dont voici le plan et la coupe) ; forme naturelle pour entourer une aussi sainte relique, ainsi exposée comme sous un baldaquin et pour permettre à tous de la voir, de toutes parts, sous le même jour, sur le pied d'égalité qui convenait à des frères.

Le croquis annexé à la relation de saint Arculphe, qui visita le Saint-Sépulcre au VIIe siècle, ne laisse aucun doute sur la similitude des deux plans.

D'un autre côté, l'église Saint-George de Salonique, construite à la même époque, sur le même plan que

en 1887 pour accompagner notre Conférence sur les anciennes églises et les mosquées de Constantinople. *Bulletin du Congrès des architectes français de 1887*, p. 315.)

1) Comme je l'ai démontré dans une étude sur l'évolution historique de la construction des églises chrétiennes. Paris, André Daly, 1886.

le Panthéon, ainsi que vous pouvez en juger (on s'est contenté d'y ajouter un chœur, la Bema des Grecs), prouve aussi l'adoption du plan circulaire par les chrétiens (voir, en outre, Saint-Hélie à Brousse).

Un sanctuaire aussi vénéré que le Saint-Sépulcre devait exercer une grande influence sur les autres églises chrétiennes élevées dans la contrée. Il n'y a donc pas lieu d'être étonné que la forme architecturale en ait été imitée et qu'elle soit restée.

Malgré la sainteté de son origine, elle ne représentait pas encore aux chrétiens le symbolisme cherché qui existait cependant déjà en Syrie même, comme le prouve la découverte faite par M. de Vogué, du prétoire de Mousmich, dans la Syrie centrale : *la forme en croix*.

Nombre d'auteurs se sont épuisés en hypothèses ingénieuses et poétiques sur l'origine du plan en croix grecque. Les uns, comme Ch. Blanc l'a répété, y ont vu l'assemblage de quatre Gamma ; les autres, une inspiration, etc. Tandis que l'humanité, qui est plus pratique que poétique, procède plutôt, en construction du moins, par tâtonnements, par imitation.

Je crois que le plan en croix grecque a été imité d'un

tres édifices de la Syrie centrale, ainsi disposés pour
l'utilisation ingénieuse des matériaux de la contrée [1],
d'après leurs dimensions et leur résistance, pour cou-
vrir une vaste salle carrée au moyen de quatre points
d'appui, comme le prouve la construction de ce prétoire,
d'une station romaine sur la route de Damas, dont voici
le plan, la coupe et la perspective qui montrent claire-
ment l'esprit pratique de l'architecte et comment la forme

a dépendu ici de la construction ; tandis qu'au contraire, partout ailleurs, les Romains faisaient plier les matériaux à une forme préconçue.

Ce plan est absolument identique à celui de la Théotocos, de Constantinople, et d'une foule d'autres églises grecques, considérées comme les types du genre.

L'intention de figurer une *croix* a dû venir de cette combinaison de construction à des architectes syriens en quête du symbole. Le plan trouvé, ils l'ont ensuite perfectionné et complété. C'est ainsi que la voûte du centre, d'arête ou en arc de cloître qu'elle était, est devenue dans les églises une *coupole*, symbole du ciel.

De la Syrie, comme le christianisme, cette forme en croix a rayonné sur le monde. Communauté d'origine qui, vous le voyez, grandit sa respectabilité

[1] Vitruve, d'ailleurs, indique ce mode de point d'appui pour porter la charpente d'une grande salle.

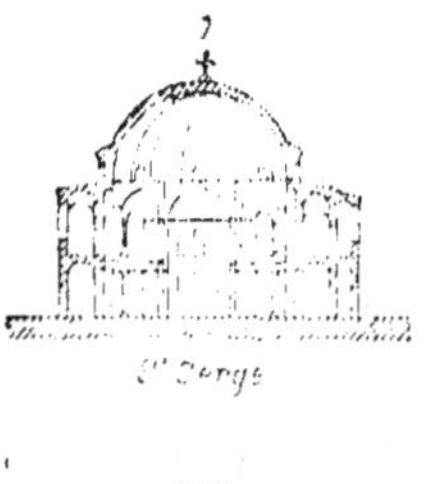

S¹ Serge

et dont doivent lui tenir compte, avant de l'écarter, ceux auxquels elle est moins sympathique.

En attendant le développement de cette synthèse chrétienne, il y eut des tâtonnements, attestés par les plans des deux autres églises syriennes d'Ezra et de Bosrah, où nous voyons les architectes orientaux chercher leur voie dans des combinaisons polygonales et circulaires enveloppées dans des carrés, formes d'églises dont parle Eusèbe, historien de Constantin.

Les hésitations, dans la voie du perfectionnement du plan des églises à coupoles, durèrent jusqu'au règne de Justinien qui, à l'instar des anciens Grecs, comprit le rôle de l'architecture dans un État, son influence sur la civilisation d'une époque, comme étant le premier de tous les arts, celui qui donne le ton à tous les autres. En conséquence, il y donna l'importance d'une affaire d'État de premier ordre.

S¹ Irène

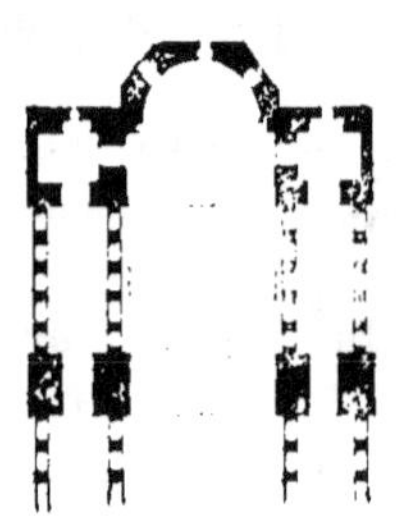

Les premières églises construites sous son règne furent élevées sur le plan syrien perfectionné, modifié en vue d'une extension, ainsi que le prouvent ces plans de Saint-Serge existant encore à Constantinople, sous le nom de petite Sainte Sophie, remarquable aussi par sa coupole à côtes, et de Saint-Vital de Ravenne, celle-ci célèbre aussi par la disposition des exèdres réguliers autour du centre, et par la proportion aérienne de la coupole au-dessus de ces élégantes arcades.

Dans les deux, on retrouve les tribunes de Gynéoconitis pour les femmes, tradition des synagogues.

Élevée à la même époque, l'église de Sainte-Irène, dépendance du palais, montre un autre plan où la recherche de la forme en croix est évidente, et dans lequel on trouve aussi l'origine de plusieurs autres dispositions caractéristiques des églises grecques. Mais, pour faire faire l'effort suprême du perfectionnement, il fallut l'érection de l'église métropolitaine de l'Empire, de la cathédrale, dirions-nous, de Sainte-Sophie, à la suite d'un incendie dans une émeute.

Justinien, alors le monarque le plus puissant du monde, obligé de reconstruire son église de prédilection, voulut faire grand, et *il eut le courage d'en accepter les charges*. Slave d'origine (son nom est Oupvrada), il eut l'ambition d'élever à l'Éternel un temple plus vaste que tous ceux connus. L'ancienne basilique avait une nef principale de vingt à vingt-quatre mètres de largeur : il imposa à ses architectes (choisis en Asie), Anthemius de Tralles et Isidore de Millet, l'obligation de donner à la nouvelle une largeur de *cent pieds* et de la traiter avec une magnificence exceptionnelle, par la beauté des proportions et la splendeur d'une décoration symbolique.

Problème difficile, eu égard à ces dimensions, étant alors déjà admis que dans une église chrétienne la hauteur devait l'emporter sur la largeur, et que les lignes dominantes de l'architecture devaient être les verticales, comme pour conduire la pensée vers le ciel. Dans

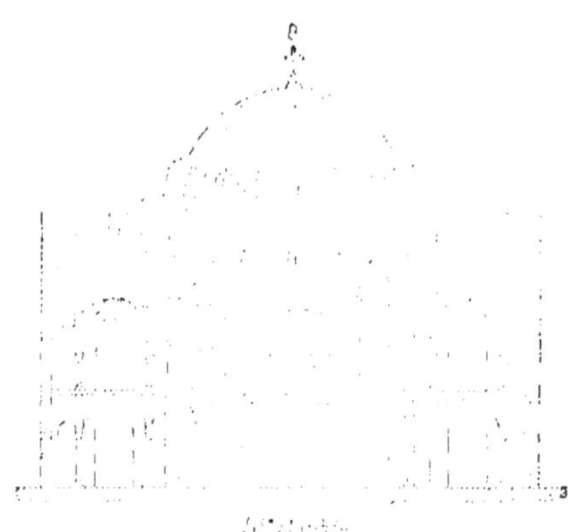

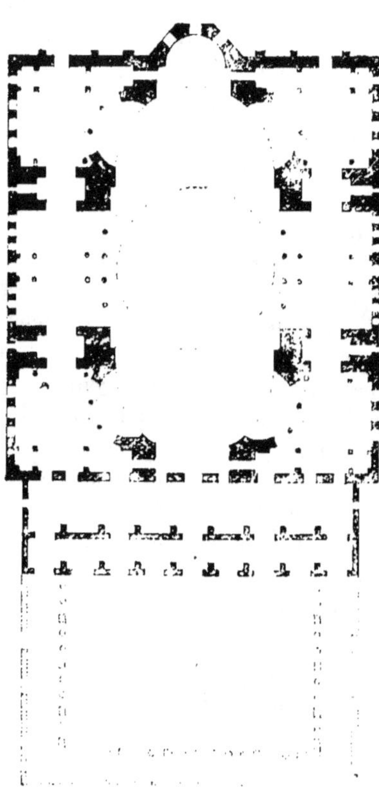

les temples du paganisme, ce sont au contraire les horizontales qui dominent.)

La coupole s'imposait alors sur les églises : les architectes de Justinien, pour porter la leur et l'allonger dans
le sens de la nef, durent inventer et imaginer cette su-
perposition de coupoles ajourées à la base qui, avec
ses fines mosaïques à fond d'or, forme la composition
d'architecture religieuse la plus belle qui soit sortie de
la main des hommes. Tout à l'heure, je vous en mon-
trerai les détails, en m'efforçant de vous en faire com-
prendre la majesté grandiose et simple, le spiritua-
lisme chrétien : toutes les lignes de la construction
et de la décoration conduisant les yeux vers *Dieu Pantocrator*, représenté au sommet de la coupole centrale,
couronnant la hiérarchie céleste et bénissant l'assemblée
des fidèles.

Dès l'entrée, le visiteur saisi embrasse l'ensemble de
ces immenses voûtes de cent pieds ; il est tout imprégné
de leur majesté et de leur harmonie céleste ; une émo-
tion indescriptible ne le quitte plus, et il comprend l'exclamation de Justinien : *Gloire à Dieu*, Salomon, je t'ai
vaincu.

Les Turcs ayant effacé les figures et remplacé ces par-
ties de mosaïque à fond d'or par du badigeon, l'effet de
cette splendide décoration en est sensiblement diminué,
l'esprit en ayant disparu avec les figures des anges et
des saints, surtout du Pantocrator radieux dans la gloire
des cieux.

Néanmoins, les lignes de l'architecture étant intactes,
on peut se représenter ce qu'elle a été, *une sublime symphonie religieuse* (1).

____

(1) L'architecture est la musique des pierres, disait au com-

À ce sujet, vous me permettrez d'ouvrir une parenthèse et de vous présenter quelques considérations sur l'effet religieux produit par les deux formes d'églises, suivant leurs dispositions architecturales et leurs proportions.

Dans les églises à nef, il est obtenu, notamment dans nos cathédrales, par la longueur et la hauteur, ce sont des perspectives en profondeur. Les colonnades, quel qu'en soit le style, et les arceaux des nervures conduisent les yeux surtout au fond, où est le sanctuaire, à l'autel, *Sanctus Sanctorum*. Le Saint Sacrement y apparaît ainsi, comme l'évêque ou Sa Sainteté le Pape au sommet de la procession, le *Summum de la hiérarchie religieuse sur la terre*.

C'est à cette conception que nous devons nos splendides cathédrales du moyen âge, dont nous avons expliqué dans un autre ouvrage *Evolution historique de la construction des églises chrétiennes* la formation, depuis la basilique romaine jusqu'au perfectionnement dans les cathédrales du XIII⁰ et du XIV⁰ siècle.

Chefs-d'œuvre admirables que nous devons entretenir avec un soin pieux, car on n'en fera plus de semblables : cet art étant le produit d'une foi vive et naïve, surtout dans sa sculpture dont cette architecture ne peut se passer, cette riche parure de statues et d'ornements lui étant indispensable. L'un des caractères les plus visibles de cette sculpture, c'est un naturalisme naïf qui en fait le charme. Or, la naïveté est essentiel-

mencement du siècle le philosophe Jouffroy, observation judicieuse, surtout à Reims, où nous avons à Saint-Remi, la symphonie du recueillement devant un tombeau ; à la Cathédrale, basilique du couronnement, la symphonie triomphale.

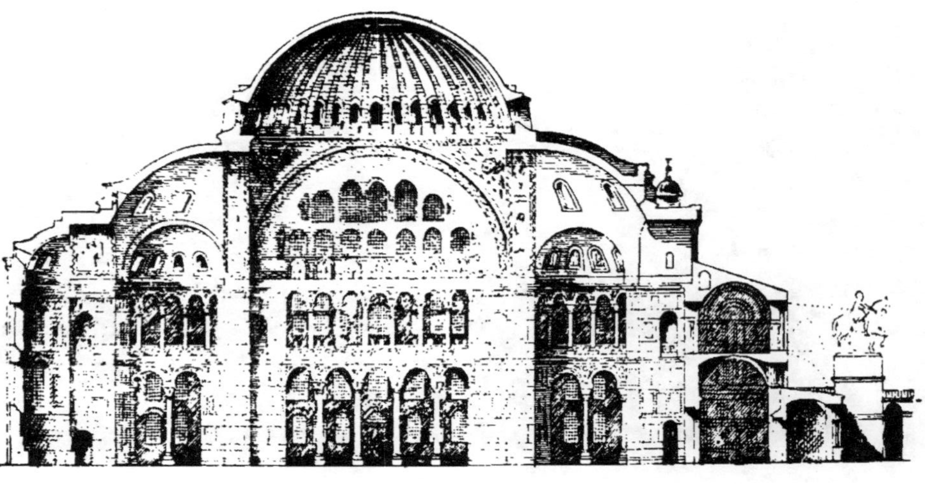

lement un don de l'enfance des peuples comme des individus ; lorsqu'ils l'ont perdu en avançant en âge, impossible de la retrouver (témoins, il y a 50 ans, les efforts infructueux d'Overbeck pour se rapprocher des primitifs de l'ombrée, ce qui ne diminue pas son grand talent, son originalité).

Autre est l'effet religieux poursuivi dans les églises à coupoles, dont je vous entretiens en ce moment : des trois dimensions, longueur, largeur, hauteur, la première, qui est la dominante des églises à nef, y est sacrifiée à la hauteur qui doit dépasser la largeur, car il n'y a qu'un couronnement, la coupole, *image du ciel*, tous les regards devant pouvoir y converger librement dès l'entrée, comme vous le montrent ces plans. La perspective, au lieu d'être en longueur ou profondeur, se développe uniquement en hauteur, jusqu'à l'image du ciel. La décoration murale suivant ainsi une marche ascensionnelle et convergente, on peut y représenter le déploiement de la grande hiérarchie. A la base, les mortels, leurs luttes, leurs offrandes (ex-votos, etc.) ; puis au-dessus, en montant, les martyrs, les récompensés, les saints et les saintes, les anges et les archanges, les apôtres ; enfin, au centre et au-dessus de tous, planant dans les rayons de sa gloire, *Deus Pater omnipotens*, bénissant les fidèles prosternés dessous, au pied de l'autel.

Figure colossale sur fond d'or, apparition grandiose, puissante, visible de tous les points de l'église, se présentant partout en pleine lumière, grâce à l'éclairage par les multiples fenêtres de la base, qui forment une couronne de lumière au-dessus de laquelle cette représentation du ciel paraît suspendue. Effet troublant, dont on peut se rendre compte notamment dans l'église de Daphni, près Athènes, qui, ayant heureusement conservé

Monastère de Daphni
près Athènes

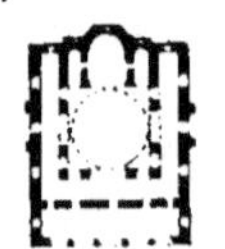

intactes ses vieilles et belles mosaïques, permet de se figurer ce qu'il a été à Sainte-Sophie, ce qu'il peut être encore dans une église moderne.

Tel est, Messieurs, le grand et religieux effet obtenu par le couronnement en coupole au-dessus d'une église carrée, circulaire ou polygonale, mais surtout en croix grecque, où elle figure ainsi *le ciel sur la croix*.

Aussi, confiant dans la haute approbation de Sa Sainteté le Pape Léon XIII, me permettrez-vous de vous présenter cette noble forme d'église comme très orthodoxe et, par la simplicité de sa construction, applicable en tous pays.

Pour en revenir à Sainte-Sophie, quel qu'eût été l'effet produit dans le monde grec, alors déjà isolé de l'Occident, nous savons qu'il a été grand par l'exclamation de Justinien lors de la dédicace ; elle ne paraît pas avoir été imitée dans l'Empire, du moins, ce qui peut nous paraître extraordinaire, on n'en connaît pas de copie.

Peut-être les accidents qui ont suivi son érection ont-ils plus effrayé les imitateurs que le désir du succès.

Voici le parallèle des différents types des églises grecques parvenues jusques à nous : Saint-André, le Théotocos à Constantinople, le Catholicon et les Saints-Apôtres à Athènes, Saint-Hélie à Salonique, chapelle au mont Athos, Daphni près Athènes.

Comme vous le voyez, c'est le plan en croix grecque qui domine en Orient, et c'est celui qui passa avec la religion en Roumanie, où l'église de la Kurtéa d'Argis, dont voici les plans, est le type le plus fin, puis en Rus-

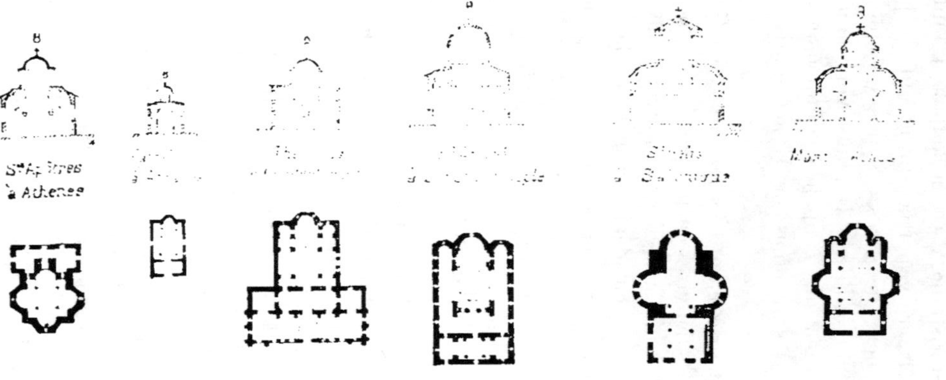

St Apôtres
à Athènes
S Sophie
à Salonique
Mont Athos

sie. Sa caractéristique, c'est la coupole à l'intersection des bras de la croix, portée sur les quatre pendentifs de raccordement des arcs. Seules quelques églises d'Athènes, telle celle de Daphni (voir figure précédente), présentent une coupole sur huit points d'appui, motivés par les tribunes de Gynéconitis (pour les femmes).

Les sanctuaires étant très nombreux en Grèce, tous sont petits et subdivisés encore par des *narthex simples* ou *doubles*; leurs coupoles, à l'inverse de celles de Sainte-Sophie, sortent démesurément de la ligne montante des voûtes. Surélevées sur de hauts tambours, elles semblent vouloir se séparer, la masse de l'unité y est rompue. Dès le x⁰ siècle, elles se multiplient, notamment au nord et même à l'Athos; on en compte jusqu'à onze en Russie. Profusion fâcheuse, substitution du pittoresque à la gravité religieuse, des effets à un effet de concentration vers Dieu, et qui, comme toutes les déviations, eut plus d'imitateurs que le principe initial, si grand et si simple.

C'est ainsi que les Vénitiens, en quête d'un modèle pour leur cathédrale de Saint-Marc, choisirent le type le plus compliqué des églises de Constantinople, celui d'une croix aux bras très allongés et très étroits, couverts par cinq coupoles. De telle sorte que les yeux s'y égarent (ainsi que vous le montre cette figure I, de la planche 3), au lieu d'être conduits insensiblement vers le centre, où est représenté le *Maître du ciel et de la terre*. Ce fut aussi le type que les Périgourdins imitèrent à Saint-Front et dans la contrée; à moins, comme le croit M. Dieulafoy, qu'il n'y soit une importation directe par des pèlerins ou des marchands persans ou syriens, alors assidus aux foires d'Auvergne : l'étude de certains détails paraît lui donner raison.

Pendant le moyen âge, on ne trouve de coupoles que sur les églises rondes des Templiers, construites à l'imitation du Saint-Sépulcre, dont ils étaient les gardiens, en France, en Allemagne, en Angleterre, en Espagne, etc.; puis en Italie, sur les baptistères et sur quelques églises de la Lombardie. Celles des îles de Venise et de Ravenne appartiennent à la période byzantine.

Dans tous les pays soumis à l'influence grecque, sur le Danube, en Russie, en Arménie, on retrouve le type des petites églises dont nous avons parlé, approprié aux goûts particuliers de ces peuples; surtout en Russie, où la forme de la coupole, sous l'influence mongole, subit une déformation très pittoresque. De sphérique, elle prit la forme d'une poire, qui est restée et est maintenant considérée comme nationale. L'église de Saint-Bazile à Moscou en est le type le plus achevé, le plus pittoresque, comme vous pouvez en juger par cette perspective.

Quoi qu'il en soit, au point de vue de la construction, comme vous le voyez par tous ces plans, les architectes byzantins laissèrent inachevé le problème de construction des grands arcs latéraux de Sainte-Sophie, ne contrebalançant pas les hémicycles longitudinaux de l'égalisation des résistances autour du dôme central; ce sont leurs successeurs qui l'ont résolu, dans la construction des grandes mosquées que leur demandèrent les sultans.

En effet, lorsque les Turcs prirent possession de Constantinople, séduits par la majesté de Sainte-Sophie, ils la conservèrent, et quand les sultans voulurent élever des mosquées dignes de leur gloire, ils ne jugèrent pouvoir mieux faire que de prendre modèle sur celle-ci.

N'ayant pas d'artistes, ils s'adressèrent à des architectes grecs qui ont tous construit ces magnifiques mosquées, l'orgueil de Constantinople, la ville des coupoles ; elles appartiennent donc à l'architecture gréco-ottomane, dont voici les spécimens les plus remarquables, représentés par ces plans :

1° Plan carré : mosquée de Mirina et de Nouri-Osmanié, remarquable par la simplicité de ses proportions élégantes.

Les quatre piliers qui forment le carré et portent la coupole sur ses pendentifs sont reliés par des murs perforés de nombreuses fenêtres et par des galeries intérieures et extérieures qui occupent le terrain entre les saillies des contre-forts.

2° Plan allongé, à l'imitation du plan de Sainte-Sophie ; carré central allongé de deux demi-coupoles égales, et flanqué de deux bas-côtés, telles sont notamment les mosquées de Bajazet et de Soliman, dont voici le plan et la coupe.

3° Construction complète et logique, dans laquelle le carré de la coupole est flanqué de quatre demi-coupoles égales ; telles sont les mosquées de Mahomet II, d'Achmet, de Yéni-Djami-Validé et de Zah Zadé.

4° Coupole portée sur huit points d'appui, telle, à Andrinople, la mosquée de Sélim, et à Galata celle d'Azab-Kapou, qui est l'apogée de la légèreté.

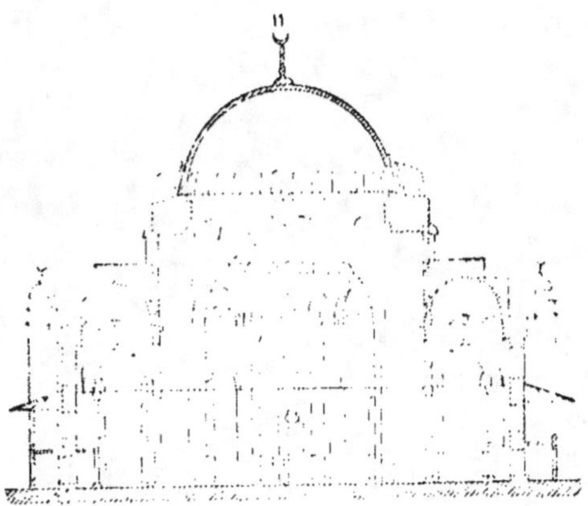

Mosquée de Sulim.m
à Constantinople

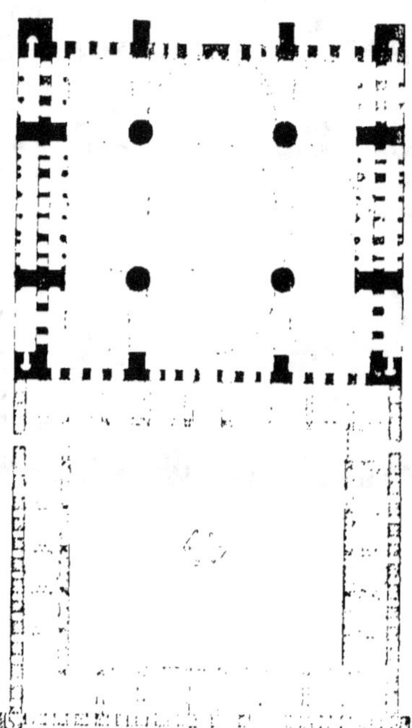

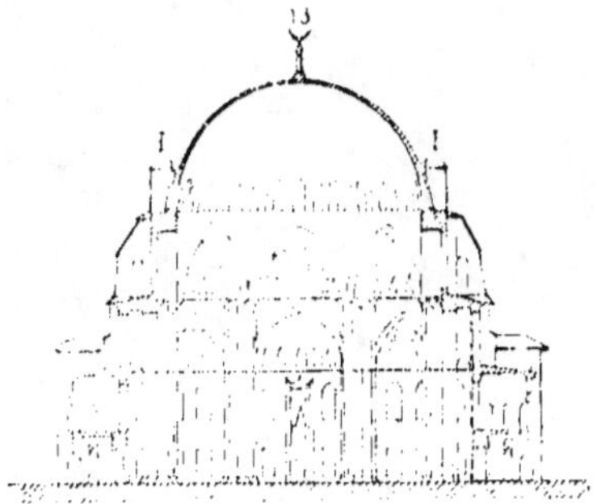

Mosquée de Selim
à Andrinople

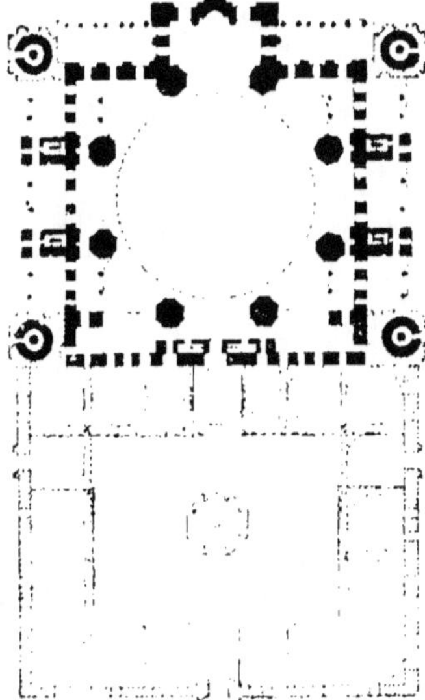

Dans toutes, les architectes ont continué les procédés de construction des Byzantins (même l'ogive), changeant seulement les ornements. Les chapiteaux, les pendentifs, les concavités des niches creusées sont décorés ou revêtus d'ornements en stuc, appelés improprement stalactites, formés d'assises de petits prismes et de biseaux saillants et rentrants qui, au point de vue architectural, donnent beaucoup d'échelles. Mais, dans les intérieurs, tout en continuant les mêmes formes, ils les ont habillées différemment pour modifier l'impression, la rendre gaie, vivante : ce qu'ils ont obtenu par l'emploi des fonds clairs, de la multiplicité des jours, de la dorure répandue légèrement, comme de la poudre d'or, des vitraux colorés, et surtout par le chatoiement des couleurs dans les tapis, dans les revêtements de faïences, dans les inscriptions koufiques, dans les élégantes palmettes persanes qui s'élancent *diminuendo* jusqu'au sommet des coupoles.

Les coupoles arabes ont une autre origine. A leur entrée en Perse, les Arabes y trouvèrent une civilisation supérieure. Sortis du désert, non seulement ils n'avaient pas d'architecture, mais, indifférents aux questions d'art, ils pouvaient adopter ceux des vaincus, et ils surent en utiliser l'habileté et même la virtuosité.

Or, en Perse, le monument architectural par excellence, c'était le palais du Satrape, le château massif, carré, au centre duquel était une grande salle, tradition de l'Atrium, précédée d'un porche. Le Satrape de Darius, ou le Seigneur, tenait dans cette salle ce qu'on appelle aujourd'hui *le divan*. Mais en avant, le porche, en forme de grande voussure, abritait les gardes et permettait de recevoir les étrangers, d'où le nom de Porte, et de *Sublime Porte* donné à celle du sérail.

où les sultans recevaient les ambassadeurs chrétiens. (Un tableau de Bellini, au Louvre, représente une audience donnée ainsi à l'ambassadeur de Venise.)

La salle carrée et sa voussure étaient donc le motif monumental par excellence. Aussi les musulmans de la Perse et de l'Égypte y prirent-ils le type de leurs mosquées (par conséquent de leur architecture religieuse), qu'ils entourèrent de cours et de portiques, à l'instar des temples anciens.

Les mosquées de Perse sont donc composées de deux monuments : au centre, une grande salle carrée couverte par une coupole, et précédée d'un immense porche de même largeur formant portail. Entrée la plus magnifique, la plus significative que l'on puisse donner à une salle d'assemblée de prières en commun, où par conséquent est invitée la foule.

C'est ainsi que nos pères faisaient précéder les nefs de leurs cathédrales (surtout à Reims, où elles sont traitées avec la magnificence distinguée due à une basilique royale) de ces immenses voussures coniques qui se rétrécissent jusqu'aux portes, comme des embouchures, et semblent traduire l'invitation divine : *Ad me venite.*

Pourquoi ce modèle de porche si monumental et si expressif ne s'est-il pas répandu en Occident ? Je crois qu'on a eu grand tort de le négliger et que les architectes qui le comprendront en tireront un magnifique parti. Ceux de l'Exposition de 1889 qui n'ont pas craint, comme je vous le disais en commençant, de regarder en Orient, s'en sont souvenus, et ils en ont essayé avec succès, notamment Bouvard, au pavillon du dôme central.

Vous vous rappelez l'effet de ce grand porche, quoiqu'il fût coupé par un balcon qui en diminuait beaucoup l'effet.

Jusqu'à présent, ce préambule d'une assemblée, *Ecclesia*, disait-on autrefois, n'a pu encore prévaloir devant les nôtres; seule, Sa Sainteté le Pape Léon XIII a daigné en approuver l'idée et nous exprimer sa satisfaction de le voir au frontispice du projet que nous lui soumettions gravé dans notre étude sur l'*Évolution historique des Églises* et dont nous donnons ici une reproduction). Précieuse approbation, qui nous permet d'espérer qu'elle sera comprise et réalisée un jour ou l'autre.

Les Persans ne s'en sont pas tenus à leurs premières formes de coupoles ovoïdales et sphériques, ils les ont de bonne heure modifiées sous l'influence musulmane, pour leur donner la forme du casque sarrasin, qui est devenu le modèle de toutes les coupoles d'Égypte, notamment des mosquées du Caire.

Les architectes en ont même imité les damasquinures : en pierre, en Égypte où le type est resté; en faïences de couleurs, en Perse où la forme s'est modifiée sous l'influence mongole qui y introduisit, du Thibet ou de l'Inde, la forme en poire, devenue typique sur toutes les mosquées de la Perse et de la Tartarie, ainsi que vous pouvez en juger d'après ces dessins des principales mosquées d'Ispahan et du tombeau de Tamerlan à Samarcande. Ce type a gagné la Russie, qui l'a conservé, et l'exporte sur toutes ses églises, telles celles de Wiesbaden, la plus ancienne, de Paris, de Genève, de Vevey, etc.

Ces coupoles de la Perse vous montrent, autant que je le puis d'après ces gravures, les plus ingénieuses combinaisons de constructions en briques, non seulement celles des monuments religieux, dans les mosquées et

leurs annexes, pendentifs, encorbellements, etc..., où
se trouvent exécutés, avec une grâce asiatique, une
variété charmante de tous les problèmes de la géo-
métrie des voûtes sphériques.

Les mêmes recherches se retrouvent dans les constructions civiles et domestiques, ainsi que vous pouvez
en juger d'après ces perspectives des voûtes de bazars,
qui montrent à quel point la construction, faite avec art
et finesse de goût comme celui des Orientaux, peut
être décorative.

Après l'affaissement du style ogival au XV° siècle, et
son impuissance finale à la suite de son exubérante
floraison flamboyante, c'est à dire du maniérisme intem-
pérant et irréligieux dudit, vous savez comment la coupole reparut en Occident, grâce au génie de Brunelleschi
qui, dans le concours ouvert pour couronner le transept
de la cathédrale de Florence, comprit que pour *faire
grand*, comme le demandait la majesté du temple saint
et la gloire de la république, il fallait revenir à la simplicité de l'antique. Vous savez aussi qu'il édifia, sans
cintres, ce dôme magnifique de 40 mètres, que Michel-
Ange admira et déclara être une merveille.

Vous connaissez tous l'histoire de la construction de
Saint-Pierre de Rome, que les Papes firent édifier pour
être non seulement leur église métropolitaine, mais
surtout la *cathédrale de la chrétienté*, destinée à réunir
tous les pèlerins venus des extrémités du monde chrétien;
celle pour laquelle il fallait nécessairement *faire plus
grand encore*.

Les péripéties de la construction sont relatées dans
tous les guides de voyageurs: pendant soixante ans, elle
n'avança que lentement, par suite des difficultés de la
construction, et surtout des changements d'architectes.

compliqués d'intrigues de cour et de modifications des plans. A la fin, survint heureusement un Pape moins patient qui, pour couper court à toutes les coteries d'architectes, fit venir un homme neutre, un sculpteur, Michel-Ange, auquel il donna plein pouvoir. Vous connaissez cette entrevue célèbre : lorsque Michel-Ange reçut l'ordre de faire cette église, il avait quatre-vingts ans ; il s'excusa donc de ne pas assez connaître l'architecture et se défendit de sa mission, mais le Pape lui répondit : *Fa grande, mi fili, et presto.*

Michel-Ange se rappelant le dôme de Florence retourna le voir et vous connaissez son apostrophe célèbre en s'éloignant : *Dôme magnifique, je vais tâcher de te donner une sœur, sans pouvoir parvenir à faire mieux.*

Bien qu'étranger aux monuments de l'Orient, alors hermétiquement fermés aux chrétiens, Michel-Ange, avec la sûreté de coup d'œil du génie, comprit que l'adoption de la coupole pour motif principal entraînait celle du plan en croix grecque, dans lequel tout converge vers le centre, vers l'autel. Il édifia ainsi l'église actuelle, malheureusement modifiée par un de ses successeurs qui allongea la nef et, d'une croix grecque, fit une croix latine, dans laquelle l'effet du dôme est considérablement atténué. Au lieu de le voir dès l'entrée et d'en recevoir de suite l'impression, il faut s'avancer pour le voir, défaut aggravé par l'excessive surélévation du tambour du dôme que l'on ne voit bien que dessous. Conception religieuse inférieure à celle de Sainte-Sophie, comme les coupes vous le montrent, et diminuée encore par l'adoption d'une décoration architecturale dont les motifs sont empruntés à l'architecture courante, c'est à dire d'un caractère général, au lieu d'avoir conservé l'ancienne décoration peinte ; innovation qui fit école et qui, exagérée au xviiie siècle, provoqua plus tard la réaction du romantisme.

Contrairement à ce qui s'était passé pour Sainte-Sophie dans le monde oriental, le Saint-Pierre de la capitale des Papes devint le modèle de toutes les églises à construire en Occident. Chaque pays, chaque ville, chaque abbaye voulut avoir une coupole sur le plan de Saint-Pierre.

La forme n'a pas varié : Michel-Ange avait élevé une coupole ogivale, elles sont toutes à section ogivale. C'est la forme, du reste, la plus chrétienne, la plus symbolique, étant la plus élancée vers le ciel; c'est aussi la plus facile à construire.

Voici les plans et coupes : de Saint-Paul de Londres, dans lesquels il faut signaler, même en passant, une ingénieuse invention, celle des tambours coniques qui atténuent sensiblement les poussées latérales; du Val-de-Grâce, des Invalides, du Panthéon, qui résument assez toutes les variétés du type en Europe. Mais la plus répandue, c'est celle de Saint-Pierre de Rome, témoin les églises de Gênes, de Berlin, de Saint-Pétersbourg, Saint-Isaac; Vienne, seule, possède une coupole ovale en plan qui, heureusement, n'a pas fait école, car ses déformations en perspective, pour être originales, n'en sont pas moins malheureuses pour la simplicité de l'art religieux.

Depuis le commencement de ce siècle, le symbolisme si simple et si puissant des coupoles n'a plus été compris; grâce au romantisme, le style ogival a pris une revanche de la Renaissance. Mais, comme l'humanité dans sa marche n'a pas coutume de vivre longtemps sur des imitations, surtout lorsqu'elles sont le plus souvent des corps sans âmes, par suite des artifices de construction.

des fardages et des décorations postiches. Tôt ou tard elle se lassera de ces copies d'un autre âge et elle demandera aux architectes *des créations* en harmonie avec les autres œuvres de la civilisation, avec ses arts et sa littérature.

Que seront-elles avec des longues nefs [1] ? On peut se le demander, car on n'en voit pas encore l'aurore.

Des deux conceptions religieuses, les églises à nefs, comme nous l'avons montré ailleurs *Évolution historique des Églises chrétiennes*, ont atteint l'apogée de leur beauté, de leur grandeur religieuse aux XIII° et XIV° siècles, à l'aide d'une sculpture inimitable en sa naïve foi; elles ont parcouru le cycle fatal, avec les plates-bandes et les voûtes en plein cintre, en ogive, et même en parabole. Que faire maintenant qui égale Saint-Paul-hors les Murs à Rome, les cathédrales de Chartres, de Reims, d'Amiens, de Cologne, de Saint Pierre de Louvain, etc., etc...? Honneur et courage à ceux qui trouveront. Mais en attendant, vous comprendrez pourquoi d'autres ont tenté de reprendre l'autre conception, celle qui oblige l'homme à lever les yeux au ciel, au moins sur son image, *la coupole*.

Cette forme d'église où l'autel, occupant le milieu, est bien le centre du rayonnement de la lumière divine autour duquel se groupent les assistants, comme lors du *sermon sur la montagne*, celle dans laquelle toute la décoration converge effectivement et symboliquement vers Dieu représenté au sommet. Forme éminemment

1. L'église du Sacré-Cœur de Montmartre n'est pas une basilique, c'est une adaptation de deux modes différents juxtaposés : à l'une très... et... croupe, au bout une abside énorme avec chapelles rayonnantes. Elle présente des deux côtés différents, l'un en hauteur, l'autre en profondeur.

orthodoxe, aussi approuvée par Sa Sainteté le Pape Léon XIII, et motif architectural offrant aux architectes l'avantage d'être resté incomplet des mains des Byzantins, par conséquent d'être encore susceptible de se prêter à des perfectionnements, à des effets nouveaux, comme nous l'avons cherché dans ces projets qui, malheureusement pour nous, attendent l'heure de l'exécution : le seul qui ait daigné y sourire étant le seul Souverain, le seul Évêque privé de terrains à bâtir.

En ce qui concerne la décoration des églises, il y a un autre point de vue dont je vous demande la permission de vous dire deux mots.

Vous l'avez constaté, les églises à nefs, par conséquent les églises ogivales, ne présentent pas de surface pour l'exposition peinte des grandes scènes de la religion; les piliers à faisceaux, les arcatures moulurées, refouillées, remplaçant les fonds, les voûtes divisées en une multiplicité de triangles concaves par des nervures très saillantes ne laissent pas de places favorables pour les figures : or, sans figures rattachées à une action commune, *pas de peinture spiritualiste*, c'est à dire religieuse.

Cependant, quel art doit être le plus développé dans les églises catholiques, si ce n'est la peinture?

Depuis le XIIe siècle, même depuis le XIe, les architectes occidentaux, sauf en Italie, en ont accaparé la décoration. Aux peintures murales qui exaltaient la gloire de Dieu et des saints protecteurs de la Cité ou du sanctuaire particulier, ils ont substitué tout leur système de moulures, de nervures, d'arcatures, etc. (1), dont ils ont

1. Aux XIIe, XIIIe et XIVe siècles, ces chapiteaux, ces nervures, ces ornements, que nous ne trouvons plus aujourd'hui que dans les églises, étaient employés dans les édifices civils et dans les habitations.

couvert toutes les surfaces murales; tous ornements appartenant pour la plupart à la grammaire générale de l'époque, c'est à dire banale, sans liens avec le vocable du sanctuaire et appliqués partout.

Avec le système compliqué des piliers moulurés, des arceaux, l'architecte triomphe dans les églises; on n'y voit plus que lui et son œuvre, simplice ou mièvre, froide ou luxuriante, comme au XVI° siècle; son caractère s'y impose souvent plus que celui du sanctuaire.

Les ornements de l'architecture n'ont pas de caractéristique religieuse proprement dite, il n'y a que la peinture qui puisse en avoir une parfaite et complète.

La statuaire, qui n'a qu'un seul moyen d'expression, le relief, ne peut produire que des effets restreints; car, au delà de quelques mètres, les bas-reliefs paraissent déformés, ce qui nuit beaucoup à leur caractère, à la beauté que doit conserver la figure humaine, *chef-d'œuvre de la création;* tandis que la peinture, avec ses deux moyens, le dessin et la couleur qui la met plus en vue, s'accommode de toutes les positions et se prête mieux aux effets particuliers et d'ensemble.

Il ne suffit pas dans les églises d'occuper la pensée par la parole et la musique, il faut encore lui donner à réfléchir, à s'élever, par l'exposition des grandes scènes de la religion, des visions célestes et apocalyptiques, comme l'avaient compris autrefois les Grecs et les Italiens du moyen âge. Alors, le prêtre peut en tirer un très grand parti pour l'enseignement, l'accomplissement de sa mission.

Pour développer des scènes, il faut des surfaces, et les surfaces, on ne les trouve bien dans les églises à nefs que sur les murs des basiliques latines, lorsqu'elles sont larges comme celles de Rome; mais lorsqu'elles sont étroites, la perspective est déformée par le manque de recul. C'est ce qui arrive à Paris pour les admirables fresques de Paul Flandrin à Saint-Germain des Prés (en outre coupées par les arcades), et surtout à celles de Saint-Vincent de Paul qu'on ne voit pas faute de lumière et de largeur; tandis que dans les églises larges, couronnées par une coupole, le peintre a à sa disposition, non seulement des surfaces murales sur lesquelles il peut développer en confiance ses figures, certain qu'elles seront vues *à leur point*, mais encore la coupole qui, avec sa douce concavité, est au point de vue religieux l'image du ciel, et facilite autour de la figure divine le groupement de ses saints adorateurs, comme en bas celui des fidèles autour de l'autel.

Sur l'immense surface, il peut figurer la hiérarchie céleste.

Les pieuses fresques d'Italie ont malheureusement subi les injures du temps, et les admirables mosaïques d'Orient celles plus graves encore des outrages des Turcs, qui les ont effacées ou les ont recouvertes; de telle sorte que les spécimens de ces décorations sont très rares, surtout celles de la belle époque, celles qui ont échappé aux iconoclastes, aux musulmans et aux restaurateurs.

Ceux d'entre vous qui ont vu la petite église de Daphni près Athènes ayant, grâce à son isolement dans la montagne, conservé ses anciennes mosaïques, se rappelleront leur grand effet, et surtout celui, incomparable, produit par l'image du Pan-Christ qui, dans des proportions colossales couvre le sommet de la coupole, d'où il voit tout, *et qu'on voit de partout*, vous suivant toujours.

Les Italiens du moyen âge plaçaient Dieu au fond de l'abside ou son image, ne dominant pas, perdait de sa

puissance, étant elle-même à un niveau inférieur aux soffites de la nef, ou aux caissons des voûtes ; tandis qu'au sommet de la coupole, la figure divine plane réellement, et, grâce à la mosaïque sur fond d'or, elle conserve, malgré les années, sa splendeur symbolique.

Quelle image plus saisissante de la parole du prédicateur : « Mes Frères, Dieu vous voit. » Aussi, comprendrez-vous que l'art religieux n'ait rien produit de plus grandiose.

L'avenir est donc aux coupoles : la science moderne, munie de tous les matériaux qui rendent possibles celles qui eussent été invraisemblables il y a cinquante ans, permet d'en construire économiquement (1), et de les décorer d'une façon inaltérable, grâce à la céramique et à l'émaillerie.

Quelles ressources !

La coupole, suivant l'expression de Sa Sainteté Léon XIII, est donc appelée à reprendre une grande place dans l'architecture religieuse.

Dans l'architecture civile, elle peut être grande aussi, grâce aux progrès de l'industrie, comme l'a prouvé l'Exposition de Paris, en 1889, qui en a fourni tant et de si brillants témoignages.

Sans compter le dôme central, dont les élégantes nervures partaient du sol comme des roseaux gigantesques pour former un berceau aérien, et les deux coupoles centrales des pavillons des beaux-arts et des arts libéraux couvertes, comme celles de la Perse, de tuiles émaillées, nombre de pavillons isolés lui avaient emprunté leur motif principal ; ils en montraient toutes les variétés.

---

1 La voûte sphérique nécessite moitié moins de matériaux que la voûte en berceau.

Ils ont prouvé sa souplesse à se prêter à tous les programmes civils et religieux; à tous les modes de construction, en pierre, en briques, en fer, en bois et même en joncs; à toutes les formes, trapues ou élancées; à tous les effets, monochromes ou polychromes. Les architectes connaissent donc maintenant toutes les ressources qu'elles leur offrent, au point de vue pratique et esthétique.

Mais avant, dès le commencement du siècle, à l'aurore des perfectionnements de la métallurgie, en 1811, l'architecte Bellanger, dans la vaste coupole de la Halle aux blés de Paris (actuellement Bourse du Commerce, dont voici le plan primitif et la coupe), en fer fondu (comme on disait alors), avait montré les facilités que ce mode de voûte apportait aux constructeurs. Élégante et légère au possible, elle est restée un modèle que les progrès de la science ont confirmé. Incomprise par l'auteur de la transformation en Bourse, elle est aujourd'hui plâtrée et perdue pour l'enseignement de l'art français.

Plus près de nous, de 1862 à 1865, Henri Labrouste, dans la construction des coupoles en fer et en porcelaine de la salle de travail de la Bibliothèque nationale à Paris, que voici, chef d'œuvre de goût et de raison, avait, par un coup de maître, ouvert la voie au mariage du fer et des émaux dans l'art moderne.

Cette voie ouverte, on peut en attendre beaucoup pour le développement des coupoles; nos peintres y trouveront les surfaces que leur refuse le sectionnement des nervures sur les voûtes d'arête, surfaces murales et de voûtes, dont ils ont besoin pour déployer leur talent, et montrer tout ce qu'il peut pour la gloire de leur art et de la France.

Alphonse GOSSET.

OBSERVATIONS & DISCUSSION

M. le Président ayant offert la parole aux Membres qui auraient des observations à présenter, et, de son côté, M. Gosset s'étant mis à la disposition de ses honorables Collègues :

Un premier Membre observe que la décoration intérieure en mosaïque, préconisée par le conférencier, est d'un grand prix, peu abordable, que c'est une difficulté de la nature la plus restrictive, la question d'argent.

M. Alph. Gosset répond que le prix actuel des mosaïques tient surtout à la rareté des exécutants, mais qu'il en sera de celles-ci comme de tous les produits fabriqués : l'offre ne tardera pas à répondre à la demande lorsqu'elle se produira, les prix s'abaisseront comme autrefois.

En effet, cette décoration, outre sa netteté, son inaltérabilité, a sur la peinture l'avantage de n'exiger qu'un compositeur traçant les cartons, puis des ouvriers, dits à Rome *operarii*, les exécutant sur les papiers qui sont ensuite appliqués sur les murs.

Or, ceux-ci peuvent être même des femmes et des adolescents.

Cette fabrication est beaucoup moins minutieuse que celle de la tapisserie, si prospère autrefois à Reims, ainsi qu'en témoignent les magnifiques spécimens de Saint-Remi et de la Cathédrale. Rien n'empêche que celle des mosaïques redevienne aussi répandue, aussi prospère qu'elle le fut pendant la période gallo-romaine (1).

Les Archevêques de Reims ont autrefois fondé des fabriques de tapisseries : il ne leur serait pas plus difficile d'ouvrir des fabriques de mosaïque, car le clergé, mieux qu'un industriel, trouverait facilement à recruter son personnel d'*operarii* parmi les élèves de ses cours de dessin.

———————

Un deuxième Membre ne comprend pas pourquoi on n'imiterait plus les œuvres du XIIIe et du XIVe siècle, dont les plus beaux modèles existent à Reims même, puisqu'il n'y a qu'à copier.

M. Alph. Gosset explique que d'abord le caractère d'une époque est plus encore difficile à imiter que son style littéraire, que l'esprit du moyen âge surtout, époque particulière dans la marche de l'humanité, est complètement différent de celui de notre civilisation.

Dans les monuments de cette époque, la sculpture, qui y est répandue partout, fait corps intime avec l'architecture ; elle ne peut en être séparée, car c'est elle qui partout l'anime de sa flore, comme de sa statuaire, si originale et si naïve ; sans cette sculpture vivifiante, elle est un corps sans âme.

Or, le charme de cette sculpture c'est sa naïveté, son naturalisme rendu spirituel, incisif, satyrique même.

Si, à la rigueur, l'architecte peut copier des proportions, imiter des moulures, malgré la différence de travail de la pierre qui est si particulière, il n'en est pas

1) Depuis, la découverte de la belle mosaïque de la rue Nicolas Perseval est venue corroborer ce fait.

de même de la statuaire, qui est tout esprit. Nos sculp-
teurs qui sont de leur temps ne peuvent qu'en traduire
les impressions, si différentes des idées et de l'esprit
du moyen âge. Aussi, malgré l'abnégation des plus dé-
voués, le changement de caractère est-il visible dans
toutes les restaurations, même à Paris.

Pour la flore, passe encore, mais pour la statuaire,
impossible; il faut avouer notre impuissance à entrer
dans la main, dans la pensée, dans la tête de ces
naïfs ou spirituels imagiers du moyen âge, dont les
œuvres doivent être conservées *religieusement*, car l'humanité n'en produira plus de semblables.

—————

Un Membre du Bureau, à l'emploi des coupoles, ob-
jecte les difficultés de l'acoustique, rappelant qu'il est
impossible de prêcher dans l'église de l'Assomption à
Paris, et que, dernièrement, la fabrique de Saint-Pierre
de Rome a dû renoncer à y installer un grand orgue,
parce que le dôme en eût absorbé les sons.

M. Alph. Gosset remercie de l'objection, qui lui permet d'y répondre. Car non seulement cette critique
des deux édifices cités est réellement fondée, mais
encore les ondes sonores étant sphériques, l'étude de
l'acoustique dans les salles à coupoles exige effectivement des précautions particulières.

En ce qui concerne l'Assomption, cette rotonde
manquée semble avoir été faite exprès pour la démons-
tration de ce défaut. Composée d'un cylindre surmonté
d'une coupole, sans pénétrations latérales, les ondes
sonores sont immédiatement dirigées contre la voûte
concave qui les renvoie de suite à la base, en vertu de
la loi connue sur les angles d'incidence et de réflexion.

En ce qui concerne Saint-Pierre, le dôme, qui y est un édifice superposé sur un autre édifice, suivant le désir de son premier architecte Bramante, qui avait annoncé vouloir placer le Panthéon sur le Temple de la Paix (nom donné alors à la basilique de Constantin au Forum), présente un défaut analogue, car, avec son tambour, il est plus élevé que la nef (voir la planche, figure 3).

Ce couronnement est tout un monument dont le vide est effectivement compromettant pour l'acoustique, aussi n'est-ce pas le modèle qu'il recommande. Outre le manque d'unité, malgré sa beauté extérieure, ce dôme célèbre est effectivement pour l'intérieur une excroissance exagérée, qui ne peut être vue qu'en se plaçant dessous, et encore en se tordant le cou.

Au contraire, la thèse qu'il soutient dans son ouvrage, c'est celle qui a reçu à Sainte-Sophie de Constantinople (figure 2, la consécration de l'expérience la plus triomphante.

En ce qui concerne l'acoustique, l'ajourage des bases y modifie la direction des ondes sonores qui prennent leur expansion dans les pénétrations. Il y a entendu réciter à haute voix les versets du Coran, alternativement par l'Iman et par la foule, sans souffrir des répercussions intolérables à l'Assomption.

N'était-ce pas d'ailleurs la cathédrale où prêchait saint Jean *Bouche d'Or*.

Les progrès de la science dans cette partie de la physique permettent aujourd'hui de résoudre les difficultés de l'acoustique, comme l'ont fait autrefois les Grecs.

Revenant à la deuxième objection, un autre Membre demande pourquoi les artistes modernes n'atteindraient pas à la foi naïve de ceux du moyen âge.

M. Alph. GOSSET répond que la foi et la naïveté artistique sont ici très distinctes; si la première n'a jamais cessé d'être aussi grande dans certaines âmes, c'est qu'elle est affaire de croyances religieuses, tandis que la seconde dépend de l'éducation générale, des traditions qui y ont présidé, des influences de milieu, etc.

Or, depuis la Renaissance et le retour à la simplicité de l'antique (1), nos méthodes littéraires et artistiques, notre philosophie sont classiques, c'est à dire inspirées de l'antique, par la théorie du perfectionnement, de la tenue, qui n'est pas celle de la spontanéité, de la naïveté du moyen âge.

L'Église elle-même, dans ses séminaires, n'enseigne-t-elle pas le classicisme? l'étude d'Homère, de Cicéron, de Virgile, du XVII° siècle avec Bossuet et Fénelon, etc, etc. Mgr Freppel, Mgr Perraud, le Père Monsabré, entre autres, ne composent-ils pas leurs sermons d'après les règles classiques?

La Cour de Rome n'entretient-elle pas, *avec vigilance*, la culture de la langue et de la rhétorique de Cicéron, c'est à dire la pure doctrine classique, qui est celle du perfectionnement de la tenue, de l'art en un mot, et non le laisser-aller du naturalisme germanique du moyen âge, opposé pendant quelques siècles de troubles à notre vieil esprit gaulois, qui est le véritable fonds de notre nation.

1 En architecture, depuis l'érection du dôme de Florence par Brunelleschi, en 1434, point de départ du changement de méthodes et de la substitution d'un effet aux effets disséminés.

L'Université aussi est classique, nous sommes donc tous, par tradition et par éducation, élevés sous l'influence des mêmes méthodes, quelle que soit notre admiration légitime pour les chefs-d'œuvre de l'art français au moyen âge, dont nous avons le droit d'être d'autant plus fiers que c'est lui qui a débarrassé la *Méthode* de la complication usitée à cette époque; et l'Académie sait par nos luttes de 1878, lors de sa protestation contre les changements imposés aux couronnements de notre chère Cathédrale, dans la restauration des galeries, combien je sais rendre justice à ces chefs-d'œuvre et défendre leur originalité.

Mais, quels que soient les regrets, il faut être de son temps et se rendre aux nécessités inéluctables de la marche des siècles.

Ce qu'un sage professeur d'architecture, Léonce Reynaud, inspecteur général des édifices diocésains sous le second empire (collègue de Viollet-le-Duc), formule ainsi, dans son Traité d'architecture, au chapitre des édifices religieux : « L'Art du moyen âge est mort, « aussi bien que son esprit et ses institutions, leur ré- « surrection est impossible; *on peut galvaniser un ca- « davre, mais on ne le rappelle pas à la vie.* » (Tome II, liv. III.) Aussi, respect du passé.

FOI DANS L'AVENIR.

Reims. — Imprimerie de l'Académie (N. Mosset, dir.), rue Pluche, 25, Reims.

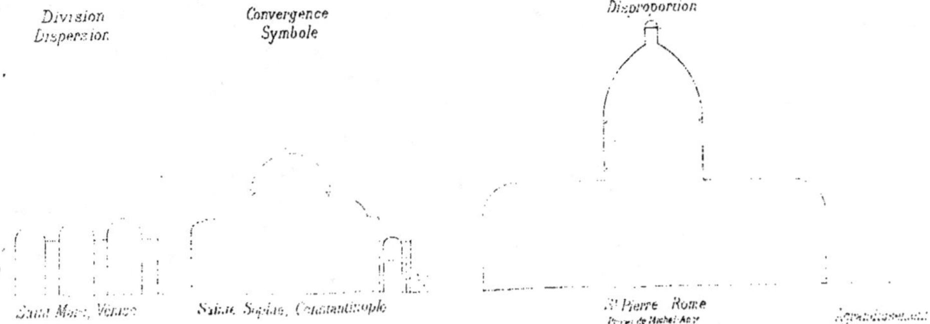

Division
Dispersion
Convergence
Symbole
Disproportion
Saint Marc, Venise
Sainte Sophie, Constantinople
St Pierre Rome
Projet de Michel Ange
Agrandissement